AuthorHouse™
1663 Liberty Drive
Bloomington, IN 47403
www.authorhouse.com
Teléfono: 1-800-839-8640

Publicada por AuthorHouse 02/01/2019

ISBN: 978-1-5462-5334-1 (tapa blanda)
ISBN: 978-1-5462-5336-5 (tapa dura)
ISBN: 978-1-5462-5335-8 (libro electrónico)

Numero de la Libreria del Congreso: 2018908934

Información de la imprenta disponible en la última página.

Este es un libro impreso en papel libre de ácido.

Obstrucción de Dinosaurios

Hermano Roberto

prefacio

Las verdades en este libro van a cambiar el pensamiento de la gente para siempre y proveer elementos básicos para las generaciones venideras.

Los científicos pueden demostrar fácilmente que los dinosaurios vivieron hace millones de años, pero luchan por explicar qué fue lo que causó su extinción.[1] Pero nada tiene sentido.

Por otro lado, los cristianos tienen problemas para explicar la existencia de los dinosaurios porque ellos creen que nuestro planeta tiene aproximadamente 6,000 años de existencia.[2]

La verdad está en este libro y espero haberlo hecho sencillo de entender.

Al vivir mi vida recibí una lección de humildad. Esta lección me llevó a comprender el comienzo de la humanidad. Creo que este nuevo conocimiento es un regalo de Dios.

Los dibujos de este libro que muestran la creación de nuestra tierra son imágenes que han pasado por mi mente.

Oré por largo tiempo para la realización de este libro y seguro estoy de la ayuda del Espíritu Santo.

Sinceramente

Roberto

Un humilde siervo del Creador

obstrucción de dinosaurio

A lo largo de los primeros años de mi vida los dinosaurios me impidieron aceptar el cristianismo.

Me desconcertaron los cristianos al decirme que nuestra tierra tiene solo unos cuantos miles años de existencia. ¿Cómo podrían creer tal cosa cuando se enfrentan a realidades de gran cañón, estalactitas, estalagmitas, mamuts lanudos y especialmente los dinosaurios?

Yo quería ser cristiano, pero esta creencia simplemente no tenía sentido.

tiempos obscuros

La muerte tomó a personas que amo aun siendo ellas eran jóvenes. He visto el mal y las obras de los demonios.

He pasado muchos momentos obscuros, pero durante esos tiempos fui bendecido con alguien muy especial. Ella llenó mi vida de alegría, me enseñó el verdadero significado de ser cristiano. Entonces apareció el cáncer como ladrón y la alejó de mí, dejándome en tiempos obscuros otra vez.

Y en ese momento más que nunca quise ser cristiano pero los dinosaurios se interpusieron en el camino.

el dominio de los dinosaurios

Cuando los paleontólogos encuentran un lugar lleno con fósiles de dinosaurios no encuentran restos humanos ni restos de mamíferos mezclados con ellos.

Cuando los dinosaurios vivían, ellos eran los que dominaban.

dinosaurs rule

mamíferos prehistóricos

Mamuts lanudos, tigres dientes de sable y Neandertales vivieron hace miles de años. Los Neandertales eran un poco más inteligentes que los monos y pueden o no haber estado en la parte superior de la cadena alimenticia.

Era un tiempo en el que los animales prehistóricos gobernaban.

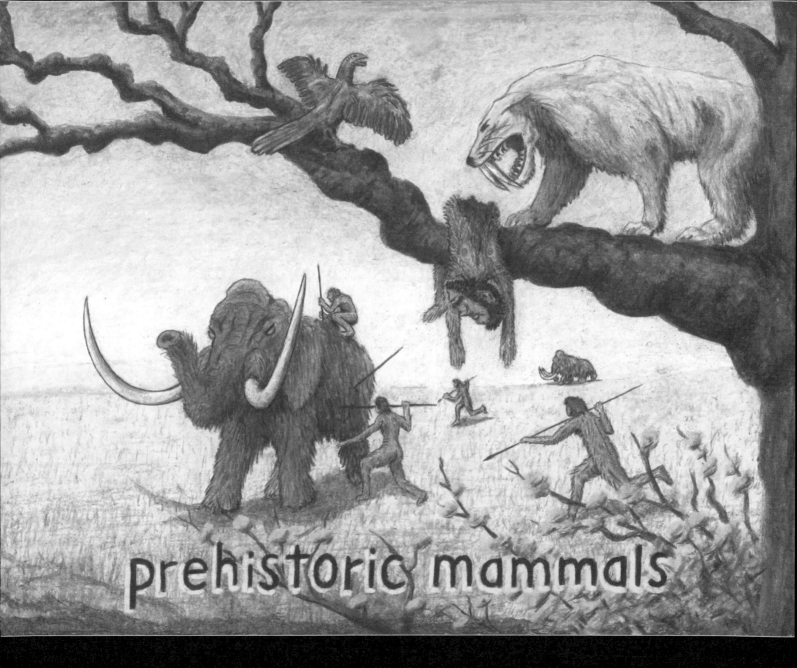

prehistoric mammals

hombre moderno

Este es nuestro momento. ¡AHORA!

Cuando este periodo de tiempo ha llegado y se ha ido, nunca volverá a ser.

El paso del tiempo, un millón de años a partir de ahora se verá en millones de años.

buenos tiempos,
tragedias, humildad

He tenido aventuras, emociones y buenas personas en mi vida. Aprendí suficiente durante los tiempos buenos.

Pero fueron las tragedias las que me dejaron atónito y confundido porque ellas fueron las que me cuestiona mis creencias y que finalmente me abrió la mente para que pudiera entrar la luz.

Creo que todo ha sido movido por la mano de Dios.

Encontré la humildad durante unas vacaciones inesperadas donde todo estaba incluido. La humildad no llegó por mi encarcelamiento porque eso solo me llevó a encontrarme con rasgos negativos de mi personalidad. La humildad vino a mí a través de un libro.

Me habían dado una Biblia antes y dos veces traté de leerla. Quedé atascado en el primer capítulo. Nada tenía sentido para mí. Los cristianos creen que este planeta tiene aproximadamente 6,000 años. Nunca creí eso.

primer contacto

Otra vez alguien me regaló una Biblia. Un pequeño paquete de mantas me había sido entregado antes de entrar a mi habitación, y cuando lo abrí, cayó una Biblia. La abrí en el primer capítulo, y de nuevo el primer capítulo no tenía sentido. Pero esta vez hojeé el Nuevo Testamento y comencé a leer ahí. *Esta es una historia en la que puedo meterme*, pensé. Mientras leía, podía sentir las palabras disipando mi enojo. A medida que leía lentamente el Nuevo Testamento, sabía que estas palabras fueron inspiradas por Dios: esta era una historia real que me involucraba. No lo entendí lo suficiente como para saber todo qué había sucedido. Sentí que me había conectado con Dios.

Esperaba comenzar con Génesis y leer toda la Biblia. Yo confiaba en que lo entendería y podría creer lo que decía. Eso no sucedió. Leí el primer capítulo una y otra vez, pero una tierra de 6.000 años todavía no tenía sentido para mí. Finalmente salté ese primer capítulo, y con gran deseo de creer en el resto de la Biblia, leí el resto del Antiguo Testamento.

El tiempo de las vacaciones se estaba agotando. Pronto yo estaría de vuelta en carrera. Agradecí haber tenido la oportunidad de leer toda la Biblia pero había perdido la esperanza de tener fe al 100 por ciento en ella. No creía que este planeta pudiera tener tan solo 6,000 años.

entendimiento

Entonces una noche tuve un sueño gráfico. En el sueño, yo estaba peligrosamente cerca de grandes facciones de tierra chocando entre sí. Cuando me desperté, vi en mi mente que grandes capas de tierra se colocaban sobre otras áreas de un planeta, y grandes secciones de tierra eran removidas de otros planetas. En ese momento todo tenía sentido para mí porque el Espíritu Santo me había dado entendimiento.

Y ahora sé la explicación de los dinosaurios.

abre tu mente

Intenta imaginar hace mil millones de años, un billón de años atrás y más allá. Trata de imaginar la nada, un tiempo antes de que existiera el primer objeto. ¿De dónde vino el primer objeto? Se podría decir que es siempre estuvo ahí. ¿Pero aun así, cuánto tiempo estuvo allí y donde se originó? Trata de imaginar un espacio oscuro y vacío para la eternidad. ¿Qué es el espacio vacío? Si el espacio vacío es algo que puedes imaginar, quizás tampoco debería existir.

pero los objetos existen

La existencia de objetos de cualquier tipo está más allá del entendimiento humano. El primer objeto tuvo que venir en algún momento.

Nuestro sol es una pequeña estrella entre millones de estrellas que forman la galaxia Vía Láctea.[3] Con la ayuda de la tecnología moderna, podemos ver que hay miles de millones de galaxias en el espacio.[4] No sabemos dónde o si el espacio termina.

Si aún no lo has hecho, mira seriamente a la Biblia. Hebreos 11:3 dice que el universo fue creado por orden de Dios y que Dios creó lo que se ve de lo que no se ve.

nada

Esto es importante de comprender: si todavía no crees en Dios y si sigues creyendo que los primeros objetos llegaron a existir por sí solos debido al nada, lógicamente tienes que creer que nada debería existir y que no deberías estar aquí pensando en la pregunta.

tú existes

Estás aquí, en esta esfera, en este momento, pensando en esto.

la vida no la entendemos

Un científico puede estudiar las semillas secas de la manzana por años y nunca comprender lo que ocurre dentro de la semilla para que cobre vida cuando la toque el agua.

Una sola semilla de manzana tiene la capacidad de hacer miles más de sí misma, y todas esas semillas tienen la capacidad de hacer miles más de ellas mismas, y así sucesivamente. Eso no es un accidente.

No sé si alguien sabe cuántas plantas diferentes existen en este planeta, pero una cosa es cierta: la variedad de vida vegetal es increíble.[5]

Dios hace la vida

Cree en Dios que es inmenso, pero que puede introducirse en el microchip más pequeño y complejo y entenderlo instantáneamente.

Cree en Dios el que puede crear el cerebro de una hormiga, cual es más pequeño y que mucho más complejo que un microchip.[6]

Una hormiga es una de las criaturas más simples de Dios, pero tiene conciencia, y la conciencia es algo mucho más allá de la comprensión humana más inteligente.

¿qué es Dios?

Estoy seguro de que Dios no necesita una mano grande como la galaxia. Este dibujo enseña que Dios es suficientemente grande para ver a una galaxia que apenas ha creado, tal como nosotros podríamos ver algo que hemos creado que cabe en nuestras manos.

El punto es que nosotros no podemos entender quién es Dios. Ninguna persona en este planeta tiene una imaginación capaz de comprender la vastedad, la grandeza y las habilidades de Dios o incluso qué edad tiene Dios.

¿una Tierra de 6,000 años?

Si todavía está pasando páginas, debes creer en Dios. Pero una Tierra de 6,000 años no tiene sentido. ¿O lo tiene?

Piensa en el combustible fósil.

El combustible fósil (como carbón, petróleo o gas natural) se forma en la tierra de restos de plantas y animales.[7]

Si estas plantas y animales simplemente murieron, o incluso si un meteorito catastrófico había causado una interrupción lo suficientemente grande en el planeta para matarlos, ellos se hubieran secado y también sido volados o absorbidos en la capa superficial de la tierra. Nunca se hubieran convertido en combustible fósil.[8] ¿Y qué puede explicar el hecho de que algunos restos de dinosaurios se encuentran en la superficie de la tierra, mientras que combustibles fósiles pueden ser encontrados millas debajo de la superficie en la misma área? Es obvio que la tierra no ha estado enterrando cosas en nuestro planeta por sí misma, como los científicos pretenden creer.

Bolsos masivos de petróleo se encuentran en todo el mundo millas debajo de la superficie de la tierra, a veces millas debajo del mar y la tierra. Estos bolsos de petróleo fueron formados hace mucho tiempo de los restos cariados de animales prehistóricos y de grandes áreas de vegetación que fueron inmediatamente enterrados millas debajo de la superficie antes de secarse.

Esto no tiene sentido ahora, y una Tierra de 6,000 años todavía no tiene sentido tampoco, pero pronto lo tendrá.

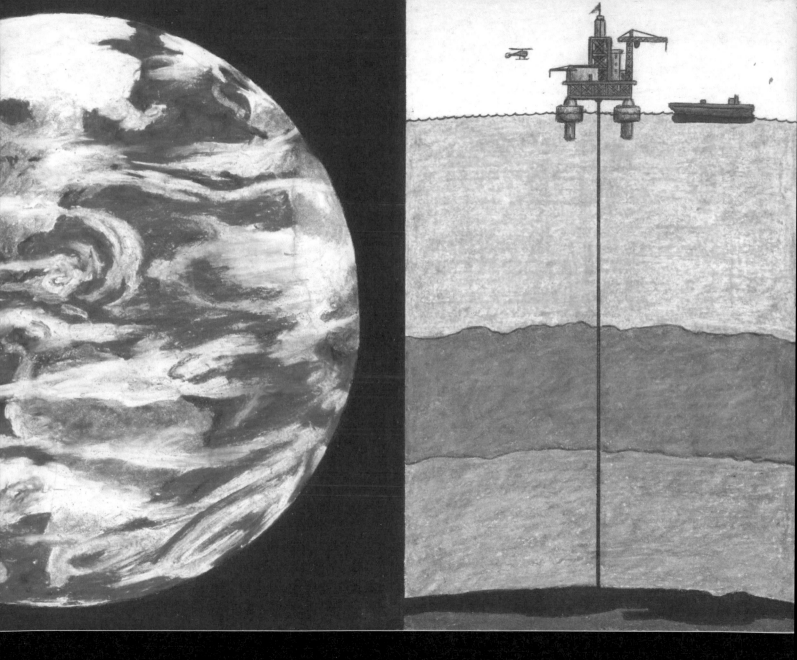

los enlaces faltantes

Nada enlaza el periodo del tiempo del dinosaurio al periodo Neandertal, y nada enlaza el periodo Neandertal al hombre moderno.[9]

Los científicos continuarán buscando, pero nunca encontrarán ningún enlace. Los enlaces no existen.

el comienzo de el
entendimiento

Para empezar a comprender cómo los restos de dinosaurios llegaron a existir en una Tierra de 6,000 años, piensa de nuevo en la semilla de manzana. La semilla de manzana es un objeto pequeño que sostiene vida: eso es el trabajo de Dios. La semilla de manzana está hecha completamente de materiales que Dios creó hace mucho tiempo atrás. Muchos de los materiales han sido usados en cosas vivas anteriormente, como en hojas, césped y otras plantas o en animales que vivieron y murieron en el pasado.

Lo mismo es cierto para nosotros los humanos. Lo más probable es que algunos de los materiales dentro de ti fueron una vez una parte de un dinosaurio. ¿Pero qué del primer hombre? La Biblia dice que Dios formó el primer hombre del polvo del suelo,[10] y no fue accidente que Dios usará polvo que ya estaba lleno de los nutrientes correctos.

Dios creó todos los materiales, pero Él también es muy bueno para reutilizarlos una y otra vez. Algunas partes del suelo de la tierra que componen nuestro planeta tienen más de mil millones de años, pero Dios no lo usó para crear nuestra tierra hasta hace unos 6,000 años.

La palabra _creado_ es usada en el primer verso de la Biblia. Mucha gente se aferra a la idea que esta palabra debe significar que Dios creó la tierra del nada. Pero si buscas en Génesis 1:27, encuentras que Dios escogió usar la palabra _creado_ cuando Él habló de crear el hombre en Su imagen, y Génesis 2:7 claramente dice que Dios no creó el hombre del nada.

Lo mismo es cierto para la creación de nuestra tierra.

nuestro planeta Tierra

Mercurio, Venus, Tierra, Marte, Júpiter, Saturno, Urano, Neptuno.

A lo largo de la Biblia la palabra *tierra* no está en mayúscula. Capitalizamos esta palabra sólo porque le hemos dado el nombre *Tierra* a este planeta.[11]

En la Biblia, la palabra *tierra* casi siempre tiene la palabra *la* junto a ella. Usada de esta manera, *la* indica una cosa particular.

Tierra = planeta: el hombre ha nombrado al planeta como *Tierra*.

tierra = suelo: Dios creó el *suelo* para sostener vida física.

la tierra = nuestra tierra: la *tierra* que Dios creó para la humanidad.

tierra

En toda la eternidad y a lo largo de su vasto reino, Dios ha creado y ha cubierto planetas con tierra con el propósito de sostener vida física.

Dios crea vida física para disfrutarlo. Si no fuera por la vida que Él crea, Dios no tendría ninguna razón para crear objetos físicos.

En toda la eternidad Dios ha creado mucha tierra y mucha vida en esa tierra. Esto es mucho más grande del entendimiento humano.

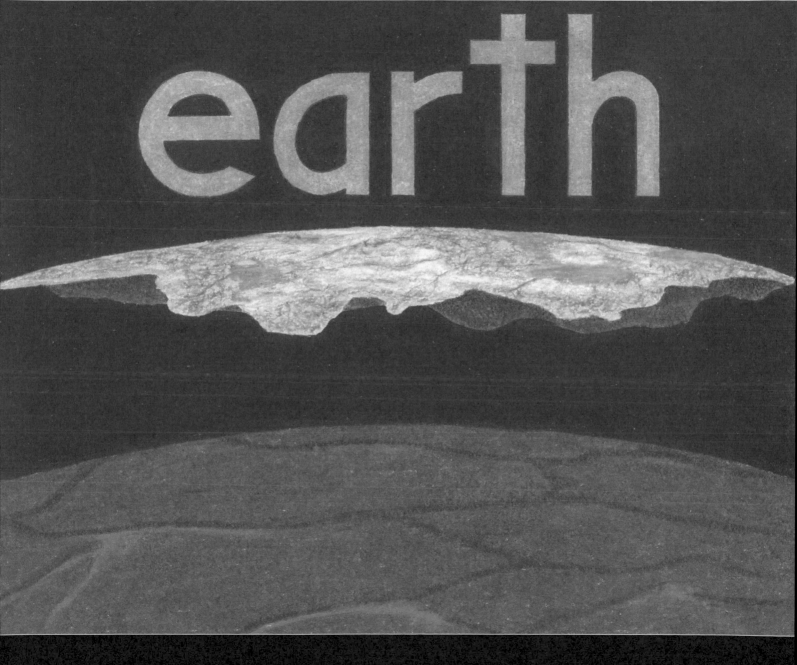

Dios crea y destruye vida

Hace mil millones de años, mucho antes y desde entonces, y en todo Su reino, Dios ha creado planetas y los ha cubierto con placas de tierra. Dios llena esa tierra con plantas y animales que le sirven a Él de alguna manera. Cuando esa vida ya no le sirve, Dios cubre la tierra vieja con tierra nueva, destruyendo la vida que ya no le sirve para crear nueva vida que sí le sirve. Durante un gran periodo de tiempo, combustibles fósiles se formarán debajo de la superficie, de los restos cariados de las plantas y animales que fueron cubiertos por la tierra.

Dios continuará cubriendo un planeta con capas de tierra nueva hasta que el planeta muera o ya no le sirva a Él.

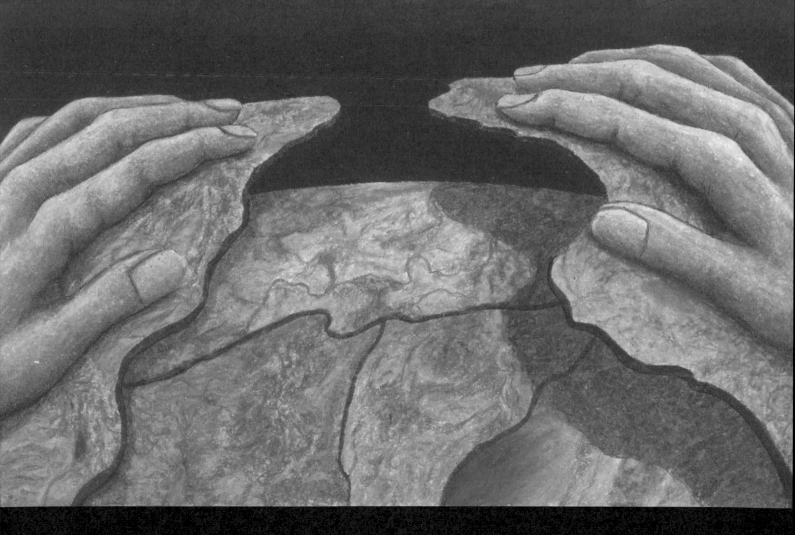

a billion years ago

planetas muertos

Dios ha creado muchos planetas y los ha cubierto con tierra. Muchos de ellos han sido cubiertos con varias capas de tierra durante un gran periodo de tiempo. La mayoría de estos planetas eventualmente mueren. Planetas han estado muriendo a lo largo de la eternidad.

Un planeta puede morir por varias razones. El núcleo del planeta se puede enfriar, el sistema solar del planeta puede fallar, o Dios simplemente decide eliminar el planeta de su sistema solar. Cualquier razón sea, la muerte de un planeta es parte del plan de Dios.

Combustibles fósiles son abundantes bajo la superficie de muchos de estos planetas, y los restos de los últimos animales que vivieron en ellos se encuentran en la superficie.

Hay más planetas que ya no sostienen vida de lo que podemos contar. Sin embargo, la tierra en estos planetas muertos es muy valiosa, y Dios reserva esos planetas lado usos futuros de sus suelos ricos en nutrientes.

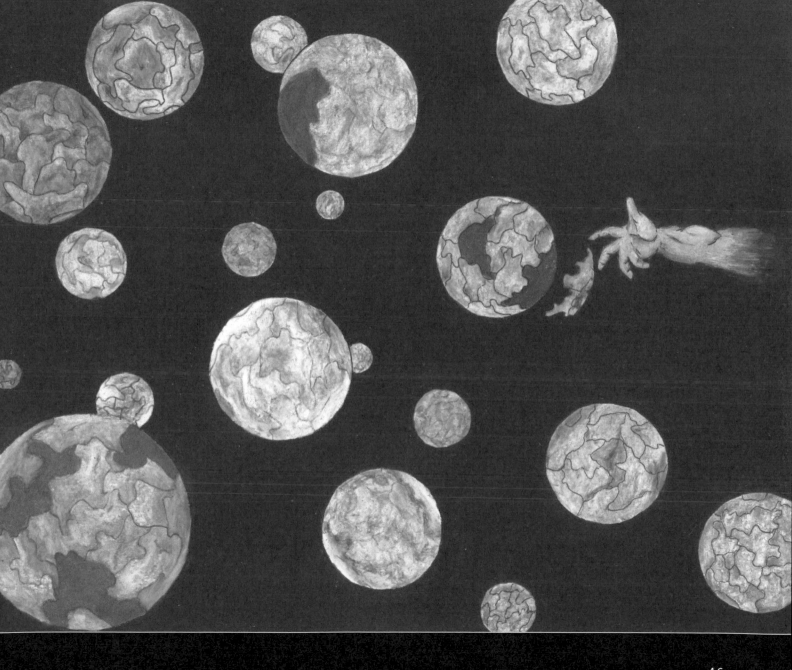

huellas de dinosaurios

Como los dinosaurios estaban viviendo sus vidas normales (o corriendo frenéticamente con temor) en el último día de su existencia en el planeta que ellos habitaron, dejaron muchas huellas en el barro, arena y arcilla. Extraído de su sistema solar, ese planeta- junto con los dinosaurios- rápidamente se congeló, como muchos otros planetas antes y después de él. Ese barro, arena y arcilla que sostienen las huellas de los dinosaurios fueron dejados intactos por una gran cantidad de tiempo en espacio profundo.

alrededor de 6,000 años atrás

La Biblia dice, "En el principio Dios creó los cielos y la tierra".[12] Obvio, esto es nuestro principio, y no el de Dios.

Nosotros somos criaturas muy especiales para Dios. Él nos creó para ser parte de Su existencia desde este punto hasta la eternidad.

Dios creó esta tierra para la humanidad, y ninguna parte de la tierra es un accidente. Para crear nuestra tierra exactamente como Él quería, Dios usó secciones grandes de tierra de planetas que Él había preparado durante un gran periodo de tiempo sólo para este propósito.

Bajo la superficie, en estas secciones de tierra, combustibles fósiles habían sido formados de los restos cariados de plantas y animales que Dios había destruido hace mucho tiempo cubriendo la tierra vieja con tierra nueva. En la superficie de estas secciones grandes de tierra estaban los restos y huellas de las últimas vidas en estos planetas. Algunos tenían dinosaurios, otros tenían Neandertales y mamut lanudos. La vida en la superficie murió de acuerdo a los planes de Dios para estos planetas. Dios tenía intención de usar el suelo rico en nutrientes de esos planetas para crear nuestra tierra.

Estos dibujos simples son una representación débil de Dios trabajando, pero representan la verdad sobre la creación de nuestra tierra. Dios empezó a crear este planeta hace unos 6,000 años. Primero Él creó el núcleo. El núcleo promueve vida desde abajo, crea nuestro campo magnético y tiene otros propósitos.[13] Dios luego cubrió el núcleo con un manto, creando el tamaño y gravedad deseada.[14] Dios luego tomó secciones grandes de tierra de otros planetas para crear nuestra tierra exactamente como Él la quería para nosotros.

Cuando Dios estaba dando forma a este planeta, Él no usó sus manos, como los dibujos enseñan. Salmos 33:9 dice que Dios "dijo y fue hecho, él mandó, y existió."

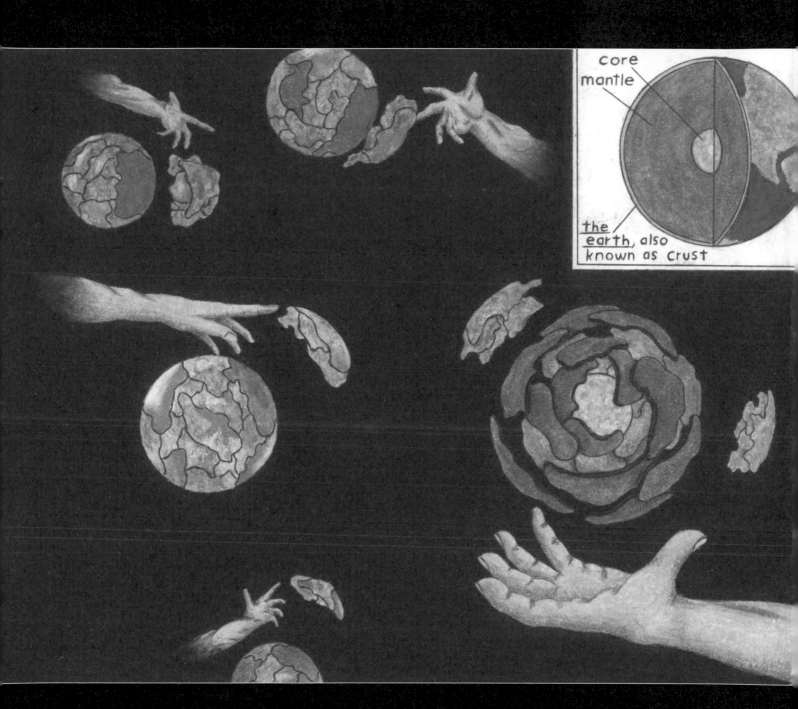

core
mantle

the earth, also known as crust

50

día 1:

nuestra tierra sin forma

Nuestra tierra está compuesta de placas de tierra que Dios creó y usó hace mucho tiempo. Algunas han pasado grandes periodos de tiempo congeladas en espacio profundo. En el principio, la tierra no tenía forma, estaba congelada y completamente vacía de vida.[15]

día 1:

agua, oscuridad,

Espíritu de Dios

Después de que Dios formó la tierra, Él la cubrió enteramente en aguas profundas. El agua rápidamente descongeló la superficie de la tierra. La tierra todavía estaba envuelta en oscuridad total, y el Espíritu de Dios se movía sobre las aguas.[16]

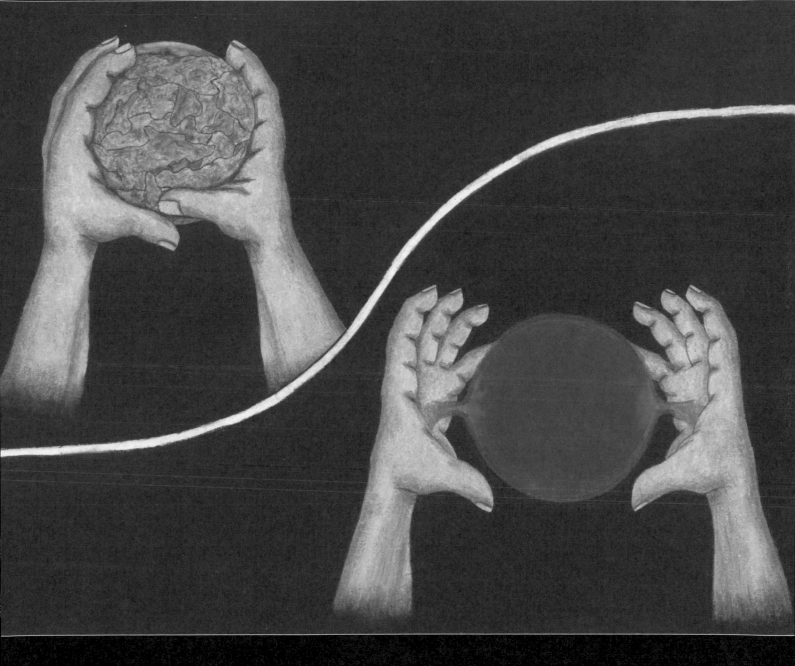

día 1:

luz, día y noche

Entonces dijo Dios, "haya luz" y hubo luz.[17] La luz rodeaba la tierra, manteniendo las aguas calientes. Dios usó este momento para determinar la temperatura y brillo exacto de la luz que Él quería para la humanidad. Dios luego separó la luz y comenzó la tierra a girar a la velocidad que conocemos ahora creando días y noche.[18]

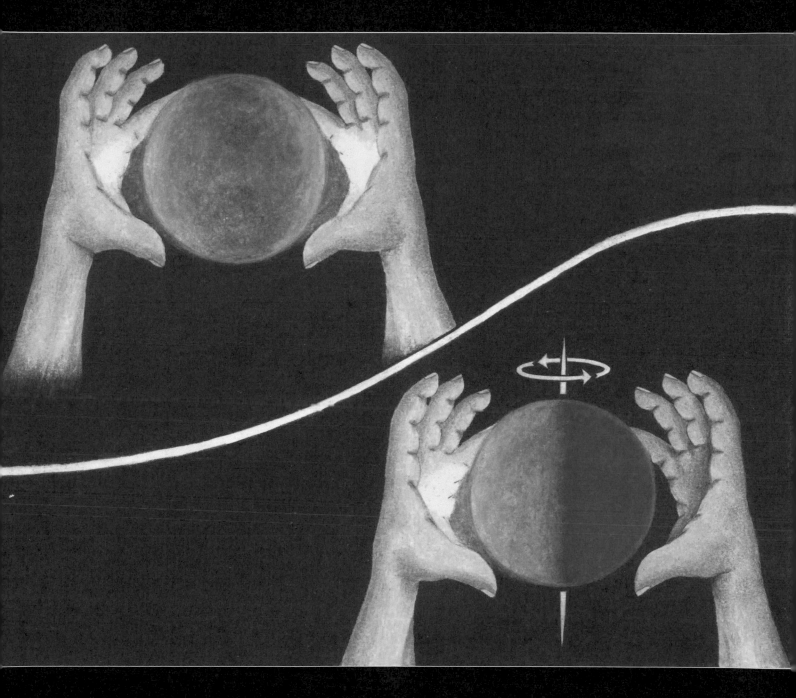

día 2:

firmamento

El firmamento es nuestra atmósfera y más. Dios lo creó en el segundo día.[19]

En la mayor parte no podemos ver nuestra atmósfera. El firmamento es mucho más complejo y preciso de lo que cualquier humano puede comprender. Sin él, la vida tal como la conocemos no puede existir. Es el aire que respiramos, la presión que nos rodea y la parte de la naturaleza que hace que las nubes se formen. El firmamento prepara la fotosíntesis para nuestras plantas y mucho más.[20]

Pon atención a lo que estás mirando en este momento. El firmamento que la mayoría de nosotros damos por sentado es increíble, pero no es lo único que nos rodea. En el primer día Dios dijo, "el Espíritu de Dios se movía sobre las aguas."[21] El espíritu de Dios todavía está allí hoy. En nuestro firmamento se encuentra uno de nuestros cielos. Dios creó nuestros cielos específicamente para nosotros.

El Cielo es un reino creado para seres espirituales.

Dios creó más que un cielo para la humanidad. El cielo sobre nuestra tierra está lleno de los seres espirituales que pertenecen a nuestra vida cotidiana, y todavía más importante, el Espíritu Santo está allí.

día 3:

tierra seca

Dios quería que apareciera terreno seco, así que movió las placas de tierra que estaban debajo de las aguas encima de la otra tierra hasta que tuvo toda la tierra sobresaliente de las aguas.

Dios ordenó a la tierra estar seca.[22]

día 3:

vida vegetal

Dios usó materiales en la tierra y agua fresca que surgió a través de la tierra para crear toda la vida vegetal en el terreno. Dios creó césped, flores, hierbas, vegetales, frutas, nueces, arbustos y árboles de todo tipo, como pinos y robles. Dios diseñó cada planta para que tuviera su propio sistema de reproducción.[23]

día 4:

el sol

Dios ya había determinado la temperatura y brillo de la luz que Él quería para nuestra tierra. Así que Él creó el sol para que tuviera el mismo brillo y para generar el mismo calor que la luz que venía de su presencia.

Dios puso el sol a una distancia que le serviría a la humanidad exactamente como Él quería.[24]

día 4:

la luna

Dios creó la luna del tamaño, color y densidad que Él quería. Dios puso la luna a una distancia que le serviría a la humanidad exactamente como Él quería.

Dios también hizo que la luna tuviera la apariencia que Él quería para la humanidad. Los diferentes tonos de color y todos los cráteres no son un accidente. Tampoco es un accidente que tierra no exista en la luna.[25]

día 4:

tiempo

El tiempo de Dios no es medido. Su reino no gira en torno a nada. En Su reino, el tiempo se mantiene de muchas maneras. Dios estableció el tiempo en nuestra tierra de una manera única. Los días, las temporadas y los años sirven a la humanidad exactamente como Él quería. Dios estableció el tiempo de esta manera para que pudiéramos hacer un seguimiento de los días, las temporadas y años.[26] Hay muchas razones por la cuales Dios quiere que hagamos un seguimiento de los días. Una de ellas es para poder saber los días especiales que Él quiere que observemos.

Dios creó todos los objetos en nuestro sistema solar y puso el sistema solar en movimiento. Él luego creó nuestra galaxia que está compuesta de mil millones de estrellas. Dios puso nuestra galaxia alrededor de nuestro sistema solar para que las estrellas brillarán en nuestro cielo exactamente como Él quería.

Nuestra galaxia es tan grande que puede parecer ilógico que Dios lo creara para servir a la humanidad. Pero ten en cuenta que objetos sin vida (no importa cuán grandes) son muy fáciles de crear para Dios. Nuestra galaxia ciertamente no fue más difícil de crear que todas las criaturas en nuestra tierra.

día 5:
vida en nuestras aguas

Dios dijo, "Rebose el agua de seres vivientes". Él los diseñó para que pudieran reproducirse. Dios también creó vida vegetal en las aguas, y Él vio que era bueno. Dios bendijo la vida que había creado y dijo, "Fructificad, multiplicaos y henchid las aguas con vida."[27]

En los siguientes dibujos notará que Dios le da algo a las criaturas que Está creando. Es conciencia. Esta conciencia reproduciría a la descendencia con instintos para sobrevivir y otras características Dios quiere que tengan estas criaturas.

día 5:

aves

Dios dijo, "Haya aves que vuelen sobre la tierra en el firmamento abierto". Él diseñó que cada ave se reprodujera. Dios vio que esta creación era buena. Dios bendijo la vida que había creado y dijo, "fructificad y multiplicaos".[28]

día 6:

animales terrestres

Dios usó materiales de la tierra altamente nutritiva y agua de la atmósfera para todos los animales que viven en la tierra. Esto incluye los animales salvajes y domésticos, y todas las cosas que se arrastran. Dios vio que era bueno. Los bendijo y dijo, "fructificad y multiplicaos."[29]

Este dibujo enseña los restos de un animal que vivió mucho tiempo y que murió hace mucho tiempo. Está destinado para mantener fresco en tu mente el hecho de que Dios creó y reutilizó las placas de tierra que componen nuestro planeta y que Él entiende la ciencia de crear animales vivos. Él los ha estado creando por eones.

Cuando piensas en la composición de las criaturas, no debes olvidar la conciencia. No es un rasgo físico, pero es la parte más importante de cualquier criatura.

día 6:

Dios creó al hombre

Dios dijo, "Hagamos al hombre a nuestra imagen."[30] El Señor Dios modeló al hombre del polvo de la tierra, sopló en su nariz aliento de vida y el hombre llegó a ser un ser viviente.[31]

El aliento de vida del Señor Dios es nuestra conexión a Él, es nuestra existencia espiritual, y está unido a nuestra carne mientras vivamos en nuestros cuerpos.

Nosotros somos conscientes por nuestra existencia espiritual. Esta existencia espiritual nos hace ser en la imagen de Dios. Es la parte de nosotros que puede ser movida por un atardecer hermoso, por ilustraciones, por la música o por amor. Hay muchos más ejemplos de cómo somos creados en la imagen de Dios, algunos de los cuales todavía no conocemos.[32]

Nuestra conciencia de espíritu nos hace conscientes de nuestra existencia. Nos da una conciencia, y nos hace quienes somos. Nuestros pensamientos, recuerdos y emociones no existen en nuestros cerebros carnosos; incluso nuestras acciones no son controladas por nuestros cerebros. El cerebro es simplemente un transmisor que causa que el cuerpo reaccione a los comandos de nuestra conciencia espiritual y que causa que nuestra conciencia espiritual reaccione a cualquiera cosa que nuestros cuerpos experimentan.

día 6:
la primera mujer

El Señor Dios hizo el hombre caer en un sueño profundo. Mientras el hombre dormía, Dios tomó una de sus costillas. Él usó el hueso y la carne del hombre, para crear a la primera mujer.[33] Dios hizo esto para que el mismo aliento de vida que Él había respirado en el hombre existiera en la mujer y se reprodujera en todos los descendientes de su línea desde entonces hasta ahora.

Todos tenemos un espíritu y somos parte de Dios.

día 6:

todo fue creado para nosotros

Dios bendijo al primer hombre y a la primera mujer. Dios les dijo, "Fructificad, y multiplicaos. Llenad la tierra y gobernarla. Dominad sobre todo que vive sobre la tierra."[34]

"Entonces Dios contempló todo lo que había hecho y vio que era bueno en gran manera."[35]

día 7:

descanso

La Biblia menciona siete días en el principio de la humanidad. Y así es como llegamos a tener la semana de siete días.[36]

En el séptimo día, Dios descansó de todas las creaciones que Él había hecho. Dios bendijo el día y lo hizo santo.[37]

cosas no mencionadas

En Juan 21:25, Juan dice que supone que el mundo entero no podría contener todos los libros si todo lo que Jesús hizo hubiera sido escrito.

Dios creó muchas cosas que no se mencionan en la Biblia. Los insectos voladores se encuentran entre las cosas innumerables que entran dentro de esa categoría, pero puedes mirar el diseño de una mosca doméstica simple y saber que Dios creó esa criatura.[38]

En el reino de Dios, la vida es más abundante de lo que podemos imaginar, y si hay vida física en otras partes de nuestra galaxia, esa vida también fue creada por Dios para que sirviera a la humanidad de alguna manera.

Dios no se ha retirado. Dios ha estado y está creando. Dios rara vez descansa.

Los 6,000 primeros años de nuestra existencia es solo un tiempo corto en comparación con cuánto tiempo seremos. Dios creó esta galaxia y todo dentro de ella para nosotros. Eventualmente usaremos mucho más de esta galaxia, y lo usaremos por un millón de años desde ahora y más allá.

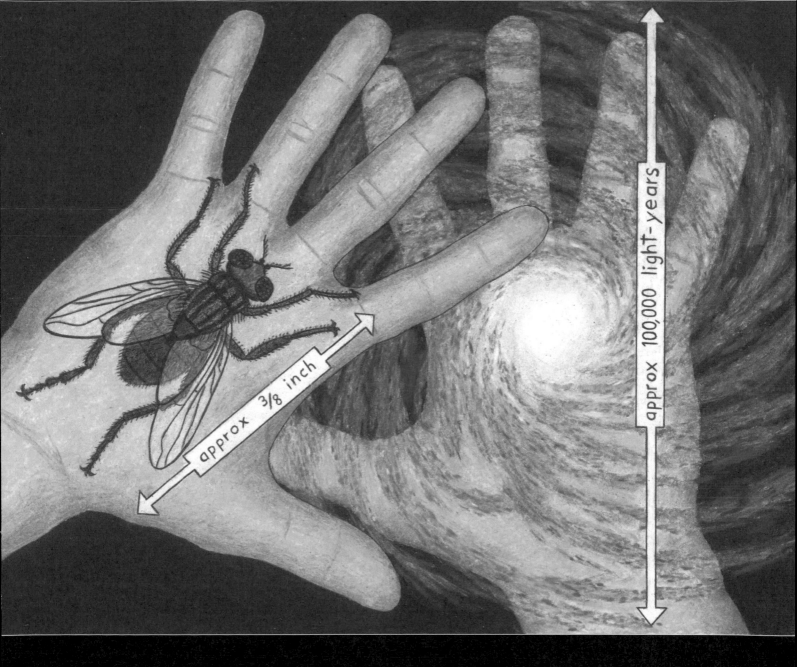

approx 3/8 inch

approx 100,000 light-years

fuimos creados para Él

Dios creó esta tierra y todo en ella para nosotros.[39] Todo se habrá ido algún día.[40] Afortunadamente, el Señor Dios nos creó para Él, y la oportunidad para existir para siempre ha sido dada a cada uno de nosotros,[41] con belleza, alegría y maravillas que nosotros ni podemos imaginar.[42]

Dale reconocimiento a Dios. Piensa en Él y trata de crecer más junto a Él. Cuando lo hagas, tu entendimiento de todo lo que Dios es también crecerá y puede continuar creciendo para la eternidad.[43]

fe en Cristo

A lo largo de su existencia, Dios ha creado muchos cielos y muchas tierras y ha habido muchos principios.

Esto es nuestro principio, y sólo es el principio.

Independientemente de quién eres, lo que tienes, en lo que ahora crees, pronto vendrá un día cuando nada será más importante para ti que tengas una relación con Cristo.[44]

Ponte a conocer el autor infinito de nuestra existencia ahora.[45]

Lee la Biblia.

Notas

Todas las citas de las Escrituras son tomadas de la versión Nueva Reina — Valera Versión Siglo XXI de la Biblia.

1—"The Dino Directory". *Natural History Museum* (Febrero 26, 2018): disponible en http://www.nhm.ac.uk/discover/dino-directory/about-dinosuars/when-did-dinosaurs-live.html

2—Cosner, Lita. "How does the Bible teach 6,000 years?" *Creation Ministries International* (Febrero 26, 2018): disponible en http://creation.com/6000-years

3—Masetti, Maggie. "How Many Stars in the Milky Way?" *National Aeronautics and Space Administration* (Julio 22, 2015): diponible en http://asd.gsfc.nasa.gov/blueshift/index.php/2015/07/22/how-many-stars-in-the-milky-way/

4—Howell, Elizabeth. "How Many Galaxies Are There?" *Space.com* (Abril 1, 2014): disponible en http://www.space.com/25303-how-many-galaxies-are-in-the-universe.html

5—Hunt, Gordon. "How many different plants are there in the world?" *Silicon Republic* (Mayo 10, 2016): disponible en htt:p://www.siliconrepublic.com/discovery/how-many-plants-are-in-there-in-the-world

6—Wystrach, Antoine. "We've been looking at ant intelligence the wrong way." *The Conversation* (Agosto 30, 2013): disponible en http://theconversation.com/weve-been-looking-at-ant-intelligence-the-wrong-way-17619

7—"Fossil fuel." *Merriam-Webster Dictionary* (Febrero 23, 2018): disponible en http://www.merriam-webster.com/dictionary/fossil%20fuel

8—Lamar, Shawnte. "Fossil Fuel Formation." *Smore* (Febrero 27, 2018): disponible en http://www.smore.com/z07nr-fossil-fuel-formation

9—Remy, Melina. "What's the Missing Link?" *LiveScience* (Abril 12, 2010): disponible en http://www.livescience.com/32530-what-is-the-missing-link.html

10—Génesis 2:7

11—"When to Capitalize 'Earth'" *Dictionary.com* (Febrero 20, 2018): disponible en http://www.dictionary.com/e/earth/

12—Génesis 1:1

13—Woodhouse, Emma. "What Is the Function of the Earth's Core?" *Sciencing* (Abril 25, 2017): disponible en http://sciencing.com/function-earths-core-8782098.html

14—Gilmartin, Roger. "What is the Earth's mantle, and how does it function?" *Quora* (Marzo 28, 2017): disponible en http://www.quora.com/What-is-the-Earths-mantle-and-how-does-it-function

15—Génesis 1:2

16—Génesis 1:2

17—Génesis 1:3

18—Génesis 1:5

19—Génesis 1:7

20—Sharp, Tim. "Earth's Atmosphere: Composition, Climate & Weather" *Space.com* (Octubre 10, 2017):disponible en http://www.space.com/17683-earth-atmosphere.html

21—Génesis 1:2

22—Génesis 1:9

23—Génesis 1:11,12

24—Génesis 1:16-18

25—Young, John. "Do plants grow on the moon?" *Quora* (Julio 10, 2017): disponible en http://www.quora.com/Do-plants-grow-on-the-moon

26—Génesis 1:14

27—Génesis 1:21,22

28—Génesis 1:21,22

29—Génesis 1:25

30—Génesis 1:26

31—Génesis 2:7

32—Eclesiastés 8:16, 17

33—Génesis 2:21, 22

34—Génesis 1:27, 28

35—Génesis 1:31

36—Meyer, Peter. "Why Seven Days in a Week?" *Hermetic Systems* (Febrero 27, 2018): disponible en http://www.hermetic.ch/cal_stud/hlwc/why_seven.htm

37—Génesis 2:2, 3

38—Lamb, Robert. "How Houseflies Work." *HowStuffWorks* (Febrero 27, 2018): disponible en http://animals.howstuffworks.com/insects/housefly2.htm

39—Salmos 115:15, 16

40—2 Pedro 3:10

41—Juan 3:16; 1 Juan 5:11-13

42—Isaías 64:4

43—2 Pedro 3:18

44—Juan 3:3, 14-18; Juan 14:6, 7; Romanos 3:23; Romanos 6:23

45—Éxodo 34:6, 7; Proverbios 3: 5-7; Jeremías 31:33; Romanos 10, 9, 10; Gálatas 2:20; Santiago 4:6-8; 1 Juan 4:7-12, 15, 16

Agradecimientos

Gracias a Dios el Padre por darme un amor mayor que mi comprensión.

Gracias a Jesús, Dios el Hijo, por mostrarme el amor grande de Dios para mí a través de Su vida terrenal, muerte y resurrección.

Gracias a Dios, el Espíritu Santo, por sostener la vida sobre la tierra, por enseñarme las verdades contenidas en este libro, y por darme el talento para escribir y dibujarlo.

Gracias a mis hermanos Anthony, Beuron, Mark y Ashley por motivarme a escribir este libro.

Gracias a mi amiga Laurie por su esfuerzo incansable por convertir todo desde plomo a la tinta en papel y a los datos en la computadora.

Gracias a mi esposa fallecida Pam por enseñarme cómo es la vida con una cristiana amorosa.

Gracias a mi familia Wood Barton por adoptarme y por modelarme el cristianismo.

Gracias a mi esposa Katrina por ayudarme completar y entrar en producción este mensaje tan importante.

Gracias a Denise, Arturo, José, y Daniel por traducir todas estas palabras al español. Tus habilidades de lenguaje me asombran.

Gracias a cada una de las personas que discutieron las verdades en este libro conmigo. Nuestras pláticas me ayudaron a explicar estas ideas lógicamente.

Gracias a todos quienes comparten las verdades en este libro con otros.

Printed in the United States
By Bookmasters